UNE
CANDIDATURE

TOURNÉE ÉLECTORALE

MISE EN VERS

Par UN RÉPUBLICAIN (de la Haute-Marne).

WASSY

TYPOGRAPHIE ET LITHOGRAPHIE DE F. BLAVIER

—

1881

AVERTISSEMENT DE L'AUTEUR

C'est dans l'histoire qu'il faut chercher des enseignements pour bien diriger notre conduite à venir ; et les grands évènements se succèdent si vite de nos jours que ce qui s'est passé, il y a moins de quatre ans, est déjà pour nous de la vieille histoire ; telle la triste phase du macmahonisme. Mais qui oserait en parler aujourd'hui autrement que pour en rire ? C'est ce que fait l'auteur du récit qu'on va lire, et il a pensé que, toute ridicule que fût cette conception macmahonienne, on en pourrait tirer quelques bons avis au lecteur pour éclairer son choix à l'occasion des élections générales qui auront lieu dans quelques mois. Certes, on ne s'y présentera plus sous le titre de macmahonien, c'est usé. Mais tel candidat viendra nous dire : « Je suis conservateur, nommez-moi pour le plus grand bien de notre France chérie. » Conservateur de quoi ? devrons-nous lui répondre. Est-ce conservateur des principes légitimistes, orléanistes ou impérialistes ? Au partisan de l'un d'eux qui me dira franchement et nettement celui qu'il veut conserver, je répondrai, en lui tendant la main : « Je vous sais gré de votre franchise, elle vous attire ma plus haute estime, touchez là.... vous n'aurez pas ma voix. » Et j'en dirai tout autant, mais sans gage d'estime, bien entendu, au candidat qui ne me paraîtra pas, comme mon marquis à Louis Renault, franc, loyal et sincère dans sa déclaration d'attachement et de dévouement à notre République.

Mars 1881.

PERSONNAGES.

—

Le marquis de CHAMPIERREUX, candidat.

BLONDEAU, son introducteur.

BOUVET, menuisier, ancien militaire, décoré.

La femme BOUVET.

ROSET, ami du maire.

BALAUDOS, ménétrier.

Louis RENAULT, cultivateur.

Une Bonne.

ROUGEFEU, limonadier-restaurateur.

Un Électeur.

Le Maire.

L'Adjoint.

Gendarmes, Gardes-champêtres, assemblee d'Électeurs.

L'action se passe en province, au commencement
d'octobre de l'année 1877.

————

UNE CANDIDATURE

TOURNÉE ÉLECTORALE

MISE EN VERS

Par **UN RÉPUBLICAIN** (de la Haute-Marne).

PROLOGUE

Après le Seize-Mai de si pauvre mémoire,
Un marquis partisan de ce grand coup d'Etat,
Aspirant à se faire un beau nom dans l'histoire,
Pour les élections se portait candidat.
« Je m'en vais, se dit-il, parcourir les villages,
« J'espère en me montrant gagner tous les suffrages ;
« Comme guide obligé, je vais prendre Blondeau
« Dont le père eut jadis la garde du château ;
 « Blondeau connaît bien tout le monde,
« Il a de l'entregent, une verte faconde ;
  « C'est juste l'homme qu'il me faut.
  « Il va me dire ce que vaut
« Chacun des électeurs, son rang, ses habitudes,
« Surtout s'il pense bien, s'il a fait ses études,
« Toutes choses enfin qui pourront m'éclairer
« Pour ne froisser personne et me faire admirer. »
  Ayant ainsi fait son programme
  Puis embrassé sa tendre femme,
  Il prend le chemin du hameau
  Et s'en va tout droit à Blondeau,
  Qui lors faisait le jardinage
  D'un bon bourgeois du voisinage.

SCÈNE PREMIÈRE
LE MARQUIS, BLONDEAU.

LE MARQUIS.

Mon cher Blondeau, bonjour.

BLONDEAU, cherchant à se souvenir.

Excusez, monsieur, mais
Je crois bien qu'au pays je ne vous vis jamais ?

LE MARQUIS.

Eh parbleu ! l'on vieillit, et c'est le fait de l'âge
Qui marche sans arrêt, de changer un visage.
Votre ancien député, marquis de Champierreux,
Ou, si vous le voulez, tout simplement Moelleux.
C'est sous ce dernier nom que défunt votre père
A bien connu le mien en cultivant sa terre ;
C'était bien le meilleur des fermiers du canton.
Nous l'avons regretté.

BLONDEAU.

Monsieur Moelleux, pardon,
Monsieur le marquis, dis-je, acceptez mon excuse ;
Je ne veux pas au moins que d'oubli l'on m'accuse :
La mouche et la moustache ont tant changé vos traits
Qu'on croit de l'empereur revoir un des portraits ;
Puis dam ! après quinze ans...

LE MARQUIS.

On change de figure,
Comme d'opinion, pour sa candidature.

BLONDEAU.

Vous venez la poser ?

LE MARQUIS.

Oui, soyez mon Mercure,
Veuillez me présenter près de chaque habitant.

BLONDEAU.

Oh! je les connais tous, ceux de mon rang, s'entend.

LE MARQUIS.

Vous le fûtes déjà.

BLONDEAU.

J'en eus la récompense,
Mon fils aîné par vous du service eut dispense.

LE MARQUIS.

C'était un fort luron ; qu'est-il donc devenu ?

BLONDEAU.

Auprès de nous toujours nous l'avons retenu,
Excepté cependant au moment de la guerre :
Il s'en fut au Midi loger chez mon beau-frère
Jusqu'à ce jour heureux où Thiers obtint la paix.

LE MARQUIS.

C'était assez prudent, plus d'un ont ainsi fait.

BLONDEAU.

Le vent a bien changé sous le ciel politique,
C'était l'Empire alors, ce jour la République ;
Si vous ne la voulez ? il ne faut pas penser...

LE MARQUIS, vivement.

Au contraire, j'en veux. Oui! je veux l'embrasser.
Bas, à part.
Pour l'étouffer bientôt.
Haut.
Elle est seule possible ;
A bas! tout potentat qui se croit invincible.

BLONDEAU.

Bravo! Si c'est ainsi, partout un libre accès
Vous attend, j'en prédis le plus brillant succès.
D'un ton fort adouci.
Ce changement si prompt, marquis, est-il sincère ?

LE MARQUIS.

Qui pourrait en douter? Je suis fils de mon père ;
C'était, chacun le sait, un fier et noble cœur,
Sa parole était d'or, d'or était son honneur.

BLONDEAU.

Eh bien ! marchons, marquis, courons à la victoire !
De nous représenter, oui ! vous aurez la gloire.
Par où commençons-nous ?

LE MARQUIS.

           C'est bien indifférent,
En l'état actuel, sous ce gouvernement
Qui met tout de niveau : dès que tout chacun vote,
Qu'il marche en équipage ou les pieds dans la crotte,
C'est tout un. Commençons par ce sale faubourg
Dont nous aurons bientôt, j'espère, fait le tour.

BLONDEAU.

Non pas sitôt, marquis ; car, je dois vous le dire,
Il en est par ici qui regrettent l'empire ;
Il faut les préparer ; ce sont de fins matois
Qui ne se hâtent guère à promettre leur voix,
Qui la gardent encore après l'avoir promise.
    Désignant une porte.
Là, vous allez tenter une fière entreprise.

LE MARQUIS.

Sachez que je me suis fait macmahonien
Et que je sais de vaincre employer le moyen.

BLONDEAU.

Je ne vous comprends pas ; mais plein de confiance...

LE MARQUIS.

Voyons... sans plus tarder, annoncez ma présence.

SCÈNE DEUXIÈME

BLONDEAU, LE MARQUIS, BOUVET, menuisier,
ancien militaire décoré, la femme BOUVET.

BLONDEAU, entrant chez Bouvet.

Bouvet, mon cher voisin, monsieur de Champierreux
D'aujourd'hui seulement arrivé dans ces lieux,
Désire vous parler de sa candidature.

LE MARQUIS.

Il a vu à la muraille le portrait de l'empereur et à la boutonnière
de Bouvet le ruban de la Légion d'honneur.

Oui, cher monsieur Bouvet, votre nom seul m'assure
Une voix sur laquelle il m'est doux de compter,
Quand sous votre drapeau je viens pour m'abriter.

Blondeau est saisi d'étonnement.

De Napoléon trois je vois ici l'image,
Et de sa haute estime il vous donna le gage.

BOUVET, tout surpris.

Je m'en flatte, monsieur ; mais voyez comme on ment ;
On vous dit l'ennemi de son gouvernement
Et que vous désirez garder la République ?

LE MARQUIS.

Erreur, monsieur Bouvet, cette noire tactique
Vient de mon concurrent ; cet affreux radical
Ébranle de ce bruit le sol électoral.
La République est morte ; oui, le macmahonisme
Va faire dans deux ans place au bonapartisme.

La stupeur se peint sur le front de Blondeau.

Oh ! le bonapartisme ! est-il rien de plus beau,
Et ne devons-nous pas le sortir du tombeau ?
Qui sut porter plus haut la gloire de la France ?
Qui sut de nos voisins écraser la puissance,

Enchaîner jusqu'aux rois à son char triomphant,
Faire du pape même un esclave tremblant ?
Immoler à sa haine un prince légitime
Afin de ne laisser rien de l'ancien régime ?
Qui montra plus d'élan et d'ardeur au combat,
Qui mieux que lui jamais sut faire un coup d'Etat,
Chasser les opposants, les traquer à la piste,
Et de proscription mieux dresser une liste ?
Partout la foudre en main, victorieux, puissant...

LA FEMME BOUVET qui tricotte dans un coin.

Oui ; mais Sedan, plus tard...

LE MARQUIS, s'emportant.

Ce mot est insultant,
Madame, taisez-vous.

BOUVET, avec force.

Oui, ma femme, silence !

Le marquis me séduit par sa forte éloquence ;
Je lui promets ma voix. Oui, monsieur le marquis,
Dès ce jour mon suffrage ici vous est acquis.

LE MARQUIS, avec emphase en lui tendant la main.

Je n'attendais pas moins d'une âme magnanime,
Adieu, comptez, Bouvet, sur ma plus haute estime.

Il sort avec Blondeau.

LA FEMME BOUVET, courant sur son mari.

Ah çà ! Tu ne vas pas voter pour ce Moelleux
Qui se fait appeler marquis de Champierreux.
Dans ce même canton nous avons quelques vignes,
Et pourquoi de son *de* ne serions-nous pas dignes ?
Bouvet de Champierreux, cela fait aussi bien.

BOUVET, en souriant.

Femme folle, tais-toi. Je m'aime mieux sans rien.

LA FEMME BOUVET.

Eh bien, moi, j'aimerais assez être comtesse.

BOUVET.

Suis ton pot.—Pour mon vote... on verra... rien ne presse

SCÈNE TROISIÈME

BLONDEAU, LE MARQUIS.

BLONDEAU.

Marquis, je n'en peux plus. De mon étonnement
Veuillez bien me sortir. Quoi ! dans moins d'un moment,
Vous émettez un vœu que vous jurez sincère
Et passez, sans broncher, dans l'extrême contraire !
Écoutez, ça m'écrase et ne sais si je dois
Vous suivre ou vous quitter.

LE MARQUIS.

Blondeau, je vous conçois,
Puisque vous ignorez l'excellent mécanisme
Qui meut ce grand parti nommé macmahonisme :
Ce parti, parmi nous récemment adopté,
Est de tout rétrograde aujourd'hui fort goûté.
Voici, pour le succès de la nouvelle crise,
Du macmahonien la tactique permise :
Il doit vaincre à tout prix. Pour sauver son drapeau,
Il peut les porter tous sous les plis du manteau,
Et de cette enveloppe où sa fierté se vautre,
Pour le cas échéant, sortir l'un ou bien l'autre :
Le tricolore ici ; là, le bleu ; là, le blanc ;
Ils sont tous adoptés, moins le rouge, s'entend,
Le rouge qui flotta dans le sang, l'incendie.

BLONDEAU, avec énergie.

Que tout bon citoyen à jamais répudie,
Que Lamartine a vu reculer à sa voix
Et que Thiers abattit pour la dernière fois.
Personne ici n'en veut, marquis, je vous l'atteste.
        D'un air de doute, en agitant la tête.
Quant à votre système...

LE MARQUIS.

                Écoutez bien le reste :
On nous nomme, c'est dit. Pendant près de trois ans
L'élu bien résigné cache ses sentimens ;
Il n'est ni chien ni loup. La période échue,
Chacun ôte son masque et descend dans la rue,
Puis de ses partisans qui guettent son signal,
Entouré, soutenu jusqu'au terme fatal,
D'une guerre civile il balance la chance.
Ainsi, pour le salut de notre pauvre France
De l'un de nos partis surgira le drapeau,
Jusqu'au bout on ira, sans trêve ni repos.
Blondeau, qu'en dites-vous ?

BLONDEAU.

                Mais c'est abominable !

LE MARQUIS.

Portez-vous aux débats de la presse agréable,
Mon ami, vous verrez que je n'invente rien.

BLONDEAU.

Alors, foin du parti dit macmahonien !
Moi, je reste fidèle à notre République.

LE MARQUIS.

Attendez. Cela peut devenir moins tragique :
On ne se battra pas si le macmahonat
Trouvant bien complaisants la Chambre et le Sénat,

De leur entente fait surgir un plébiscite,
Posant aux électeurs ce dilemme explicite :
Empire ou monarchie. On est bien averti,
La République exclue en prendra son parti.

LE MARQUIS.

En prendra son parti ; c'est une grande erreur :
La France ne veut plus de roi ni d'empereur.
On voudrait, je le vois, lui faire violence ;
Et c'est de vos amis que vient cette impudence ?

LE MARQUIS.

A toute force il faut qu'on sauve le pays !
Allons, je le vois bien, vous n'avez pas compris.
Vous avez des garçons ?

BLONDEAU.

Encor deux.

LE MARQUIS, appuyant.

Qui sont d'âge

A vous quitter bientôt ?

BLONDEAU.

Hélas ! c'est vrai.

Bas, à part.

J'enrage.

LE MARQUIS, vivement.

Vite, en route ; à causer nous perdons notre tems.

Montrant une porte.

Quel homme est celui-ci ?

BLONDEAU.

Parmi nos courtisans,

C'est le plus jovial. Il amuse le maire,
A la chasse il le suit simplement pour lui plaire.
Le maire votant blanc, c'est blanc qu'il va voter.

LE MARQUIS.

Il m'est acquis alors ?

BLONDEAU.

Vous pouvez y compter.

———

SCÈNE QUATRIÈME

BLONDEAU, LE MARQUIS, ROSET.

BLONDEAU, entrant chez Roset.

Salut, monsieur Roset.

ROSET, allant droit au marquis.

Monsieur, qui me procure
Cet ineffable honneur ?

LE MARQUIS, en souriant.

Une candidature ;
Vous me voyez, monsieur, la poser sans façon.

ROSET.

Je m'en trouve honoré. Le maire avait raison ;
« Je te viens du marquis annoncer la visite
« Et de notre chemin l'entière réussite. »
M'a-t-il dit, tout joyeux, ici même, hier soir.
« Ce puissant candidat obtient tout du pouvoir.
« Bientôt notre village aura changé de face ;
« Sitôt chose promise, il faut qu'elle se fasse :
« Déjà l'agent-voyer a posé ses jalons
« Depuis le Champ-Gervais jusqu'au pied des Deux-Monts
« Nous aurons notre pont, un orgue et des écoles.
« Ce n'est pas de ces gens, prodigues en paroles,
« Qui promettent sans cesse à nos bons électeurs,
« Sans les livrer jamais, dons, places et faveurs ;

« La preuve, la voici : madame la marquise

« Va déjà commander, pour orner notre église,

« Six beaux grands chandeliers, une croix en vermeil,

« Qui feront sur l'autel un effet sans pareil ;

« De plus, elle a promis, pour la fête prochaine,

« Notre sainte patronne en costume de reine. »

LE MARQUIS.

On fait ce que l'on peut.

ROSET.

Oui, mais on le fait bien,

Car, dès que l'on promet jusqu'à mettre du sien...

Comme se ravisant tout à coup.

Ah ! monsieur le marquis, bientôt un mariage

Unit ma fille aînée à l'adjoint du village ;

Comme chasseurs tous deux, nous voulons de gibier

Régaler notre monde. Or, seul, le sanglier

Va nous être permis ; car on ouvre la chasse

Trop tard en ce canton. Est-il plus triste passe ?

C'est bon le sanglier ; mais lièvres et perdreaux,

Au dire de chacun, sont de plus fins morceaux.

LE MARQUIS.

Je suis de cet avis, qu'en voulez-vous conclure ?

ROSET.

Ah ! ce que j'en conclus : c'est qu'à la préfecture

Nous adressons demain une pétition

Afin que, connaissant notre position,

Il lui plaise avancer d'une bonne semaine

La chasse qui se doit ouvrir dans la quinzaine (1).

Et si vous voulez bien d'un mot nous appuyer,

Notre missive est prête, on n'a plus qu'à signer.

____

(1) Historique.

LE MARQUIS.

Je le veux bien, monsieur, passez-moi cette plume.
Il apostille et signe.
Vous aurez gain de cause, au moins je le présume.

ROSET, tout joyeux.

Ah, merci ! Tripotin va-t-il être content !

LE MARQUIS, tendant la main à Roset.

Je vous quitte, comptez sur tout mon dévoûment.

ROSET.

Comptez, à votre tour, sur notre appui sincère ;
Au premier tour, marquis, votre nom, je l'espère,
Sortira glorieux.

Se frottant les mains en riant aux éclats.

Quant aux républicains,
S'ils ne sont pas contents, je m'en lave les mains.

LE MARQUIS, joyeux.

Allons, Blondeau, marchons, reprenons la tournée.
Bas, à part.
Toujours bien accueilli. La bonne matinée !

SCÈNE CINQUIÈME

BLONDEAU, LE MARQUIS, BALAUDOS,
Louis RENAULT.

BLONDEAU, montrant la porte voisine.

Je vais vous faire entrer chez ce cultivateur
Partisan du progrès qu'il suit avec ardeur ;
Sa ferme est un modèle, il brille en nos comices,
Et je sais qu'il y rend de notables services.

LE MARQUIS.

Son nom ?

BLONDEAU.

Louis Renault ; c'est un républicain,
Franc, loyal et sincère, il a beaucoup d'entrain,
Sa parole séduit, elle est intéressante
Et dans tous nos cantons est surtout influente.

LE MARQUIS, d'un air suffisant.

A lui présentez-moi sous le nom de Moelleux,
Il ne me connaît pas, je serai curieux
D'aborder le sujet de la grande culture
Avant de le toucher de ma candidature.
    Désignant un passant.
Cet homme est-il d'ici ?

BLONDEAU.

L'homme qui vient à nous ?
C'est le ménétrier. Causons-lui, voulez-vous ?
    Signe d'assentiment du marquis.
C'est rare de le voir sortir avec son orgue.

Cet homme a, quoique pauvre, une certaine morgue
Qu'il nourrit en grognant contre l'humanité,
On croirait que l'orgueil est son infirmité ;
Voyez, comme de nous il détourne la tête.

LE MARQUIS.

Il se croit en retard, il court à quelque fête.
Dites-lui d'approcher.

BLONDEAU, appelant.

Eh ! père Balaudos !
Où courez-vous ainsi ?

BALAUDOS.

Je vais jusqu'à Bordeaux,
Tout boiteux que je sois.

BLONDEAU.

Vous quittez le village ?

BALAUDOS.

C'est forcé ; la misère envahit le ménage,

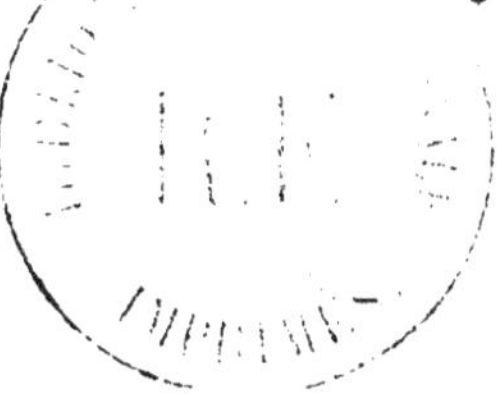

Ma pauvre femme pleure avec ses quatre enfants
Qui demandent du pain à mettre sous leurs dents.
Que faire ? Ici, plus rien de nos petits négoces,
Les cafés sont fermés, plus de fêtes, de noces ;
Mon pauvre violon, détendu dans un coin,
Attend de meilleurs jours que l'on dit encor loin ;
Et jusques au réveil de notre République
Il me faut, l'orgue au dos, moudre de la musique.
On croit que ça m'amuse ; au diable les Brogltou !
On dit que ce sont eux qui me cassent le cou.
    Reprenant son chemin.
Je cause et perds mon temps.

        LE MARQUIS, lui tendant une pièce d'argent.
               Acceptez ça, brave homme.

        BALAUDOS, venant prendre la pièce.
Merci.

          LE MARQUIS.

    Je vous promets une plus forte somme
Si vous venez jouer sous le château voisin.

          BALAUDOS.

Hélas ! combien de fois j'y jouai, mais en vain.
    Il se retourne tout à coup et regagne son habitation.

        LE MARQUIS à Blondeau.
D'obtenir son suffrage il me sera facile ?

          BLONDEAU.

Certes, sur lui l'argent peut être un grand mobile ;
Mais il en est, marquis, un plus sûr et plus beau...
Vous l'avez entendu se plaindre du château.
    Vivement.
Je viens d'apercevoir notre homme sur sa porte ;
A sa rencontre, allons vite, avant qu'il ne sorte.

LE MARQUIS, allant droit à Louis Renault.

Monsieur, nous admirons votre propriété
Et sa bonne tenue et cette activité...

LOUIS RENAULT, vivement.

Ceci n'est pas le mot, un grand calme au contraire
Y règne en ce moment ; mais bientôt, je l'espère...
Bonjour, Blondeau, bonjour.

BLONDEAU.

Salut, monsieur Renault.

Lui désignant le marquis.

Avec monsieur Moelleux, vous pouvez faire assaut ;
Comme vous il s'entend à la grande culture.

LE MARQUIS.

Ah ! c'est un bien bel art, vive l'agriculture !
Certes, quoi qu'on en dise, ici comme à Pékin,
Elle est le grand appui, l'orgueil du genre humain.

LOUIS RENAULT.

C'est vrai, chez les Chinois, aujourd'hui même encore,
Bien plus qu'en d'autres lieux, on l'admire, on l'honore,
Mais chez nous, l'art qui tue est le plus admiré
Et celui qui fait vivre est le moins honoré.
On quitte la charrue, on délaisse la terre,
Pour aller dans la ville accroître la misère.
Mais courage ! après tout. Car si les bras s'en vont,
Le champ de la science est devenu fécond.
Voyez tous ces engins, ces puissantes machines
Qui vont presque sans bras féconder nos collines.

S'arrêtant un instant pour donner à son visiteur le temps de tout voir

Vous connaissez, sans doute, un bissoc excellent
Qu'on pourrait confier à la main d'un enfant,

Qui creuse des sillons de profondeur égale,
Que, dans sa marche sûre, aucun autre n'égale ;
Nous l'employons ici, voyez sous ce hangar.

LE MARQUIS.

Je vois, c'est un Dombasle, ou plutôt un Blanchard.

LOUIS RENAULT.

Non pas, c'est un Blandin, il est bien préférable,
Il faut le voir marcher dans son allure stable !
Laissons là ces semoirs, ces herses, c'est connu,
Leur excellent usage est partout répandu.
Mais ce qui ne l'est pas assez sur nos finages,
    Montrant une machine.
C'est une moissonneuse aux rapides rouages,
Aux dévorantes dents qui tranchant les épis
En font en moins de rien un immense abattis ;
Pour ce qu'en un seul jour elle étend sur la plaine,
Douze bons moissonneurs y suffiraient à peine.

LE MARQUIS.

C'est une Walter-Wood.

LOUIS RENAULT.

        Non pas, c'est la Boully ;
Elle est appropriée aux terres du pays
Et généralement aux terres morcelées,
Marchant presqu'aussi bien en coteaux qu'en vallées.
En négligeant l'emploi de ces bons instruments,
L'agronome ne sait tout ce qu'il perd de temps.

LE MARQUIS, tournant brusquement le dos aux machines
et se dirigeant du côté des écuries.

J'aimerais m'arrêter à cette porcherie,
On l'admire vraiment, soit dit sans flatterie ;
Pour ce sale animal, la belle propreté !
Vos types sont d'ailleurs d'une rare beauté.

LOUIS RENAULT.

Voici le craonnais.

LE MARQUIS.

Le type asiatique.

LOUIS RENAULT.

Non pas, vous confondez, c'est le type celtique.
Ici, voyez l'essex, type napolitain.

LE MARQUIS.

Oui, je le reconnais, c'est presque le tonquin.

LOUIS RENAULT.

Non pas ; car le tonquin, de l'Inde originaire,
Est loin de présenter le même caractère ;
Il diffère de groin, d'oreilles et de front.

LE MARQUIS.

Je n'ai pas, comme vous, fait une étude à fond
De ces races d'ailleurs toutes intéressantes.

LOUIS RENAULT.

Et, comme vous voyez, toutes bien différentes.
Bas à Blondeau.
Ce monsieur n'est pas fort.
Au marquis.
Mes bœufs sont près d'ici,
S'il vous plaisait, monsieur, les visiter aussi ?
J'aurais un grand plaisir...

LE MARQUIS, vivement.

Monsieur, je vous rends grâce ;
Je craindrais d'abuser ; puis enfin le temps passe
Et j'ai beaucoup à voir encore en ce pays.

LOUIS RENAULT.

Monsieur, vous nous venez sans doute de Paris :
Que pense-t-on là-bas du bouelversement
Qui dans la France entière a lieu dans ce moment ?

Qui sans motif aucun est venu nous surprendre,
Lorsqu'on voyait si bien le commerce reprendre ?
Qu'est ce nouveau régnant, ce ministre Fouiltout,
Qui fait tout, brouille tout, ne laisse rien debout,
Chassa nos députés, tous nos fonctionnaires
Qui pourtant assez bien dirigeaient nos affaires,
Et lorsque nous avons déjà trop de partis
Nous en crée encore un ? — Joli salmigondis !
Et c'est avec cela que ce monsieur se pique
De se faire raison de notre République ?
On dirait une farce, un vrai saute-mouton
Auquel on fait servir le dos de Mac-Mahon ;
Croyez-vous, entre nous, que longtemps il s'y prête ?
Un jeu n'a qu'un instant, il faut bien qu'il s'arrête.
Je le crois à son terme, et les élections
Vont réduire à néant ces machinations.

LE MARQUIS.

Je suis de votre avis et crois bien que la France
Espère se venger de cette outrecuidance.

LOUIS RENAULT.

Je vois le paysan, sorti de sa torpeur,
S'écrier : « Plus de rois, plus jamais d'empereur! »
Ce qu'il veut à la fin, et c'est son vœu suprême :
C'est le gouvernement du pays par lui-même.
Tous ces partis usés, voulant n'en faire qu'un,
Entichés de leur plan, n'ont pas le sens commun ;
Leur triomphe, après tout, ne serait qu'une impasse,
Et que résoudraient-ils, se trouvant face à face ?
On dit que le marquis a fait cause avec eux,
Si vous le connaissez vous lui direz nos vœux.

On vient de m'informer de sa candidature ;
Je le croyais loyal.

LE MARQUIS, troublé.

Il l'est, je vous assure.

Et le marquis, c'est moi.
Marque d'étonnement de la part de Louis Renault.
Je comptais en sortant

Vous dire qui je suis.

LOUIS RENAULT.

Eh bien ! je suis content

Que tout ce que j'ai dit : nos vœux, mon espérance...

LE MARQUIS.

Je les partage tous. C'est une confidence
Dont je fais mon profit. Je pense comme vous,
Et j'ai le même espoir. Oui, je dis devant tous :
A la France du jour il faut la République,
Franche, loyale, vraie et très démocratique.

LOUIS RENAULT.

A part.
Quelle feinte !

Haut.

A huit jours, cet heureux résultat.

LE MARQUIS.

Ah ! sauvons le pays !

LOUIS RENAULT.

Sans le macmahonat.

LE MARQUIS.

S'arrêtant à la porte de sortie et promenant ses regards au dehors.

Il faut, dans l'intérêt de notre art agricole,
Que nos agents-voyers retournent à l'école :
De tous côtés on voit nos rues et nos chemins
Défoncés et fangeux, ce sont de vrais ravins.

On dirait que l'Etat de nous vraiment se joue ;
On ne peut qu'en sautant se garer de la boue.
Adieu.

LOUIS RENAULT.

Salut, monsieur.

Bas, à part, en s'en retournant.

Oui, va, saute marquis ;
Tu n'auras pas ma voix pour sauver le pays.

SCÈNE SIXIÈME

LE MARQUIS, BLONDEAU, une Bonne.

LE MARQUIS.

Je me serais passé de ce cultivateur.

BLONDEAU.

Nous n'avons pas brillé.

LE MARQUIS.

C'est vrai, sur mon honneur.
De sa voix, après tout, fort peu je me soucie ;
Mais je n'aurais pas cru que la démocratie
Eût fait de tels progrès. Diable ! c'est alarmant,
Et je vais en écrire à mon gouvernement.

BLONDEAU.

Aujourd'hui c'est trop tard, et que pourrait-on faire,
Comment prendre à parti la France tout entière.

LE MARQUIS.

Ce que l'on pourrait faire ? Un second coup d'Etat.

BLONDEAU.

Du sang ?... pour n'aboutir qu'au même résultat.

Voici cent ans bientôt qu'on songea république,
On la tient, on la garde, ainsi cela s'explique.
      Désignant une maison assez. éloignée.
Là, c'est le vieux Bourdon qui bougonne toujours.
Ah ! celui-là, non plus, n'est pas l'ami des cours.
C'est un républicain de vieille et forte race
Qui, les jours de repos, pérore sur la place,
Contrôlant tout, blâmant avec sévérité,
Les abus du pouvoir et de l'autorité.
Sévère près de tous, de mœurs irréprochables,
Appelant les flatteurs crétins et misérables ;
C'est un homme d'ailleurs des plus aimés du lieu;
Il est voltairien et ne connaît que Dieu.
De nos pauvres honteux il est la providence ;
Il aime son prochain, respecte sa croyance,
Qu'il soit juif ou chrétien, et jamais n'en médit ;
Près de certains dévots il a peu de crédit,
Il s'en aperçoit bien, mais ne s'en trouble guère,
Son grand calme ne fait qu'exciter leur colère :
Espérant l'écraser d'un gros mot insultant
Notre maire l'appelle un pétroleux latent.
Sur nombre d'électeurs il a grande influence
Et gare au candidat qui tremble en sa présence.
      Ils arrivent en face de la maison de Bourdon.
            LE MARQUIS, d'un ton dédaigneux.
Voyons ce gaillard-là, ce vieil original.
Sonnez fort.
            BLONDEAU.
      D'ordinaire il n'est pas matinal.
      Il sonne, une bonne vient ouvrir.
Annoncez, s'il vous plaît, le marquis en tournée.
            LA BONNE part et revient.
N'ot m'sieur a commandé ce qui faut pou c't'année,

Il n'au pu b'soin de ran.

Elle referme la porte brusquement.

BLONDEAU.

        Elle n'a pas compris,
Car jamais de la sorte on n'accueille un marquis.
Il faut s'attendre à tout de ces gens de service,
Tout pétris de bêtise et parfois de malice.

LE MARQUIS, soucieux.

Blondeau, quelle heure est-il ?

BLONDEAU, se tâtant.

L'heure de déjeuner.

LE MARQUIS.

C'est possible, j'ai faim. On se laisse entraîner,
Puis la fatigue arrive. — Allons nous mettre à table.

BLONDEAU.

A ceci j'applaudis, c'est le plus raisonnable.

SCÈNE SEPTIÈME

BLONDEAU, LE MARQUIS, ROUGEFEU,

un Électeur, le Maire, Gendarmes, Gardes champêtres,
Assemblée d'Électeurs.

BLONDEAU, entrant dans un restaurant.

Cher monsieur Rougefeu, nous venons déjeuner.

ROUGEFEU.

A vos ordres, messieurs ; que faut-il vous donner ?

LE MARQUIS.

Un potage, des œufs, la plus simple cuisine.
Servez-nous loin du bruit.

BLONDEAU.

Dans la pièce voisine.

ROUGEFEU.

Impossible aujourd'hui, mes deux salons sont pris ;
Entendez-vous d'ici ce brouhaha, ces cris ;
Ce sont nos électeurs formant deux assemblées.
Chacun d'eux a sa carte et voici leurs entrées :

> Montrant la gauche.

Comité radical.

Montrant la droite.

Comité libéral.

Je suis autorisé. Chez moi, rien d'illégal.
J'exigeai le grand calme et le maintien de l'ordre.
Jusqu'ici tout va bien, sans trouble ni désordre.
L'adjoint eut le dessein d'assembler son parti,
Le parti clérical, ça n'a pas abouti ;
Il n'eût pu réunir que cinq membres à peine,
Quand ceux-ci rassemblés dépassent la centaine.
Asseyez-vous, messieurs, on vous sert à l'instant.

> Entrent quelques électeurs qui montrent leurs cartes en passant
> devant le comptoir, puis se rendent à leurs salons respectifs.
> Une domestique sert le potage.

BLONDEAU.

C'est une soupe au lard, ça n'est pas ragoûtant.

LE MARQUIS.

Oh ! quand on a bien faim...

> A la domestique.

Faites une omelette.

BLONDEAU, venant de boire.

Ce vin n'est pas fameux.

LE MARQUIS, à son tour.

Quelle affreuse piquette !

N'est-on pas mieux servi dans les autres endroits ?

BLONDEAU.

Tous les bons sont fermés, je n'avais pas le choix,

Je vous aurais conduit au café de Cocagne
Où sont de bons vieux vins et d'excellent champagne.

En ce moment il règne une plus grande animation dans les salons voisins ; des toasts sont suivis de longs applaudissements. On entend à gauche : Vive Louis Blanc ! A bas les cléricaux ! A droite : Vive Gambetta ! A bas Fourtou ! etc. Bientôt les portes des deux salons s'ouvrent presqu'en même temps et les électeurs font irruption dans la pièce où déjeunent le marquis et Blondeau. Vives apostrophes des deux parts. Grand tumulte que Rougefeu s'efforce d'apaiser. Croyant ne pouvoir y parvenir, il dit deux mots à l'oreille de son gamin qui sitôt sort en courant. Le marquis et Blondeau se regardent stupéfaits ; au moment où on leur sert l'omelette, leur table est renversée ; assiettes, verres et bouteilles tombent et éclatent à leurs pieds.

LE MARQUIS *furieux, s'adressant à celui qui a cogné la table.*

Que diable ! on y regarde, on fait attention.

L'ÉLECTEUR.

Excusez, je l'ai fait sans nulle intention.
Si la table eût été d'un pied moins avancée,
Je ne vous l'aurais pas, j'en réponds, renversée.

LE MARQUIS.

Insolent ! Est-ce à vous de venir plaisanter,
Lorsque...

L'ÉLECTEUR, *vivement.*

C'est vous, monsieur, qui venez m'insulter.
Votre table avançait, je la cogne, elle tombe.
Il prend un air menaçant, tandis que Blondeau vient s'interposer.
Ah bien ! nous allons voir...
*Apercevant, à travers les vitres, venir les gendarmes,
il recule en criant :*
Amis, gare la bombe !
Sitôt entre le maire, ceint de son écharpe, suivi de deux gendarmes et de trois gardes champêtres.

LE MAIRE.

C'est au nom de la loi que j'ordonne céans,
D'évacuer ces lieux, à tous ici présens.

A cette sommation le calme se rétablit un peu ; les électeurs
sortent en désordre et vont se disperser sur la voie publique.
Le défilé se termine par la sortie des gendarmes emmenant deux
des électeurs, calmes et résignés, les menottes aux mains, suivis
des gardes champêtres et enfin du maire.

Celui-ci, en passant devant le comptoir, aperçoit le marquis y
débattant le compte de son déjeuner.

LE MAIRE.

Vous au café, marquis ! est-ce là votre place ?

Je ne vous croyais pas muni de tant d'audace.

LE MARQUIS, avec force au maire qui est déjà dans la rue.

C'est un des incidents de votre beau projet ;

On ne m'y prendra plus, j'en donne mon billet.

A Blondeau.

Allons, Blondeau, partons.

A part.
Quelle sotte journée !

BLONDEAU.

Cet incident, marquis, doit clore la tournée !

LE MARQUIS.

C'est bien certain ; d'ici je retourne au château.

BLONDEAU.

Et moi pour déjeuner je rejoins le hameau.

SCÈNE HUITIÈME

LE MARQUIS, L'ADJOINT, BLONDEAU.

LE MARQUIS en sortant, aperçoit l'adjoint qui vient de leur côté.

Ah ! voici votre adjoint. J'aime assez qu'il se montre

Pour être aussi témoin de notre malencontre.

L'ADJOINT les abordant d'un air très satisfait.

On dit que notre maire a de ce restaurant

Chassé les électeurs, en brave conquérant.

J'en ai rencontré deux dont l'un tint ce langage :
« As-tu vu le marquis arpentant le village
« Pour mendier des voix chez tous les électeurs,
« De son gouvernement promettant les faveurs ;
« Ce rôle est bien peu noble. O le pauvre cher homme !
« S'il en accroche deux, c'est là toute sa somme. »

LE MARQUIS.

Ne m'avez-vous pas dit, maire et curé présens :
« Montrez-vous, cher marquis, et tous nos paysans,
« Vous acclamant partout, vous éliront d'emblée
« Pour les représenter au sein de l'Assemblée ? »
Du parti que j'ai pris vous êtes les auteurs ;
Les conseilleurs, dit-on, ne sont pas les payeurs ;
C'est bien vrai, vous voyez.

L'ADJOINT.

                    Mais qui donc eût pu croire
A ce tâtonnement inouï dans l'histoire ?
C'était fort peu de temps après le Seize-Mai,
Alors ce bon espoir, sans doute, eût été vrai ;
Mais en laissant cinq mois la France dans l'attente,
Il en est résulté cette fatale entente
Qui fait que ce pays reste républicain
Pour se soustraire au joug du nouveau souverain
Que l'on lui préparait. Ruse trop manifeste,
Contre laquelle enfin tout libéral proteste.

LE MARQUIS.

Quoi ! la sainte médaille où gîtait notre espoir?...(1)

---

(1) Médaille d'Henri V. Cette médaille représente sur la face
le portrait du comte de Chambord avec la légende : *Dieu le veut,
la France le voudra.* Au revers : *La lettre H et le chiffre V en-
trelacés,* avec cette autre légende : *Heureuse France si jamais
il est roi.*

Dès le 23 novembre 1874, monsieur le général Chabaud Latour,

L'ADJOINT.

Elle n'a rien produit.

LE MARQUIS.

En voulez-vous ravoir ?

L'ADJOINT.

Inutile en ce jour. Cette chère médaille,
C'est triste à dire : il faut la mettre à la ferraille.

Le marquis frissonne d'étonnement et d'indignation.

Ce pauvre talisman, hélas ! est sans vertus,
De rois ni d'empereurs partout on ne veut plus.

LE MARQUIS.

Mais pourtant...

L'ADJOINT.

A quoi bon ? j'ai sondé mon village,
Et c'est peine perdue à chercher son suffrage.
Croyez-moi, cher marquis, retournez au château,
Loin du bruit, loin du monde, attendre un jour plus beau.
Adieu.

LE MARQUIS.

Monsieur, adieu.

A Blondeau.

Cher Blondeau, je vous quitte,
Quand on aura voté, vous me l'écrirez vite.

BLONDEAU.

Tout aussitôt, marquis.

LE MARQUIS, en s'en allant.

Eh bien ! j'espère encor.

---

alors ministre de l'intérieur, avait accordé à monsieur Grand,
commis-libraire, l'autorisation de publier cette médaille et de la
mettre en vente. Un procès tout récent (Janvier 1881) est venu
dévoiler ce fait. Ainsi les ministres de la République travaillaient
eux-mêmes à son renversement, sous l'égide du Président Mac-
Mahon qui avait dit publiquement : *Si Henri V se présentait,
les chassepots partiraient tout seuls.*

BLONDEAU, regardant le marquis s'en aller.

L'espérance parfois peut cacher un trésor ;
Moi, d'espérer toujours à la fin je me lasse,
J'attendais un pourboire.

Portant la main à la poche de son gilet.

Et je reste en eau basse.
J'avais même espéré faire un bon déjeuner.
L'espérance?... elle sert à nous faire damner.

CONCLUSION.

Télégramme de BLONDEAU
A Monsieur le marquis DE CHAMPIERREUX,
Rue de l'Espérance, n° 13, à Paris.

Le 15 Octobre 1877.

Monsieur le marquis,

Vous souvenez-vous bien de ce cultivateur,
Qui certes était bien loin de chercher cet honneur,
De ce Louis Renault, l'orgueil de nos villages ?
Son nom a réuni presque tous les suffrages.

Dans ce village-ci vous n'eûtes que cinq voix,
Ce fut partout de même ; il faut faire une croix,
Attendre en patience une meilleure veine,
Peut-être l'aurez-vous l'élection prochaine.

Votre guide fidèle,

BLONDEAU.

Un Républicain (de la Haute-Marne).

Wassy. — Imp. et Lith. F. Blavier.

www.ingramcontent.com/pod-product-compliance
Lightning Source LLC
LaVergne TN
LVHW010450060726
842527LV00005B/1793